Andre Hiller

Entwicklung einer Homepage für die Firma "Rabe" und Einbindung eines
Online-Shops

Andre Hiller

Entwicklung einer Homepage für die Firma "Rabe" und Einbindung eines Online–Shops

GRIN Verlag

Bibliografische Information Der Deutschen Bibliothek: Die Deutsche
Bibliothek verzeichnet diese Publikation in der Deutschen Nationalbibliogra-
fie; detaillierte bibliografische Daten sind im Internet über http://dnb.ddb.de/
abrufbar.

1. Auflage 2002
Copyright © 2002 GRIN Verlag
http://www.grin.com/
Druck und Bindung: Books on Demand GmbH, Norderstedt Germany
ISBN 978-3-638-72822-5

Hochschule Anhalt (FH)
Hochschule für angewandte Wissenschaften

Fachbereich Wirtschaft
Abteilung Bernburg
Strenzfelder Allee 28
06406 Bernburg

Hausarbeit

Entwicklung einer Homepage für die Firma "RABE"
inklusive der Einbindung eines Online – Shops

Praktikumsfirma: **RABE -**
Spreewälder Konserven GmbH

03222 Boblitz

Praktikant:

Name: **André Hiller**
Geb. Datum: 03.06.1975

Studiengang: BWL

Datum: 03.05.2002

Gliederung: Seite

Abbildungsverzeichnis:

Abkürzungsverzeichnis:

AGB   Allgemeine Geschäftsbedingungen

EBONE   European Backbone

eCommerce   Electronic Commerce

E-Mails   Electronic Mail

FTP   File Transfer Protocol

HTML   Hypertext Marked up Language

KB   Kilobyte

NSF   National Science Foundation

OP   Offene Posten

PHP   Personal Homepage Hypertext Preprocessor

RARE   Reaux Associes pour la Recherche Europeenne

TCP/IP   Transfer- und Kontroll- Protokoll/Internet Protokoll

WAN   Wide Area Network

www   World Wide Web

1. Zielstellung

Die Zielstellung für das Praktikum war die Erstellung einer Webpräsenz, sowie die Einbindung eines Online – Shops für die Firma RABE – GmbH.

Bis dahin hatte die Firma nur eine einzelne Seite im Internet, um den Anschluss an die ständig wachsenden Möglichkeiten des Online – Marketing und damit den Kundenkontakt nicht zu verlieren, sollten diese zu einer umfassenden Webpräsenz ausgebaut werden.

Zurzeit werden Bestellungen von Kunden per Fax oder Telefon entgegengenommen. Um die Abwicklung der Bestellungen schneller und genauer und damit zum Vorteil für den Kunden abwickeln zu können, sollte auch ein Online – Shop im Rahmen meines Praktikums entstehen.

Der Anfangsteil des Praktikumsberichtes umfasst die Geschichte des Internet, die Beschreibung des Unternehmens RABE GmbH und setzt sich mit der Ausgangssituation und der Zielsetzung auseinander.

Im anschließenden Kapitel wird auf den Nutzen einer eigenen Homepage für Unternehmen eingegangen. Der darauf folgende Teil beschäftigt sich mit der Planung und Realisation, mit dem Ziel, die Kundenakquisition und die Kundenbeziehungen im Rahmen der eigenen Webpräsenz zu verbessern.

Im letzten Teil wird auf die Zusatzaufgabe, der Einrichtung von computergesteuerten Kassen, eingegangen.

Bei der Bearbeitung der Praktikumsarbeit wurde aktuelle Fachliteratur aus den Bereichen Internet, Electronic Commerce und Online-Marketing verwendet. Dadurch konnten sowohl theoretische Ansätze als auch konkrete, praxisbezogene Maßnahmen zur Beantwortung der zentralen Fragestellung und schlussendlich zur Fertigstellung der Praktikumsarbeit herangezogen werden.

2. Grundlagen zum Internet und Online-Marketing

2.1 Geschichte des Internet und World Wide Web

Die Anfänge des Internet liegen in den sechziger Jahren. Begonnen hat alles in den USA. Anlässlich der Bedrohungen des kalten Krieges wurde 1965 die RAND-Cooperation von den Amerikanern beauftragt, an einem militärischen Kommando- und Sicherheitsnetzwerk zu arbeiten, das auch nach einem Atomschlag und der dadurch ausgelösten Zerstörung großer Teile seiner Infrastruktur funktionsfähig bleiben sollte. Dies sollte durch eine dezentrale Organisation des Netzwerkes erreicht werden. Ohne zentralen Server und somit auch ohne zentralen Angriffspunkt sollte es so angelegt sein, dass die Teile unabhängig voneinander operieren konnten. Ein Anschlag auf einen Rechner hätte in so einem System keine weitreichenden Auswirkungen, da die Daten problemlos auf einen anderen Weg umgeleitet werden könnten.

1969 wird das ARPAnet vom amerikanischen Verteidigungsministerium gegründet, das zu Anfang nur aus vier Großrechnern bestand. 1972 waren es bereits 50 Forschungseinrichtungen der USA und bis 1977 111 Rechner, die an das Netz angeschlossen waren. Auch immer mehr wissenschaftliche Netzwerke wurden daran angeschlossen, so dass es sich mehr und mehr zu einem Forschungsnetz entwickelte.

In den 80-er Jahren wurde ein neues, leistungsfähigeres Übertragungsprotokoll für das Internet zum Standard, das TCP/IP- Protokoll. Dieses funktioniert unabhängig vom Übertragungsmedium und unabhängig von der Hard- und Software der verwendeten Rechner. Ebenso ist es nicht von einem bestimmten Übertragungsweg abhängig und es ist wenig anfällig gegen Verbindungsstörungen. Dies liegt daran, dass die Daten hierbei in Pakete unterteilt und dann erst versendet werden. Jedes Paket enthält die Empfängeradresse und sie werden unabhängig voneinander verschickt. Das Vermitteln der Pakete über die verschiedenen Wegstrecken wird von spezialisierten Computern, den Routern, erledigt. Diese wählen abhängig von Verfügbarkeit, Verkehrsbelastung und Übertragungszeit der verschiedenen Netzwerkabschnitte für die Pakete verschiedene Übertragungsstrecken. TCP/IP besteht eigentlich aus zwei Protokollen. Das IP (IP = Internet Protokoll) teilt die Daten in die oben beschriebenen Pakete ein, jedes bekommt die Empfängeradresse mit auf den Weg.

Dafür, dass diese Daten auch korrekt zugestellt werden, ist das andere Protokoll, TCP verantwortlich. Wenn Daten auf dem Weg von einer Verbindungsstelle zur nächsten verloren gehen, werden diese automatisch noch einmal angefordert. Das ist möglich, weil Kopien der Pakete erstellt werden.

1983 wird als eigentliche Geburtsstunde des Internet bezeichnet. 400 Rechner waren bis dahin im ARPAnet vernetzt und TCP/IP wurde als verbindliches Protokoll für alle angeschlossenen Rechner vorgeschrieben.

Der militärische Teil des Netzes, der unter dem Namen MILNET weiter bestand, wurde aus dem ARPAnet ausgegliedert, das so nicht länger an einen militärischen Zweck gebunden war und zum Internet expandieren konnte. Daraufhin schlossen sich immer mehr wissenschaftliche Einrichtungen innerhalb und außerhalb der USA dem Internet an. Mitte der 80er Jahre zeigte auch die amerikanische National Science Foundation (NSF) Interesse am Internet. Sie gründete das NSFNET, um den Wissenschaftlern aller amerikanischen Universitäten den Zugang zum Internet zu ermöglichen.

Um immer mehr Institutionen anzuschließen und einem immer weiter zunehmenden Verkehr gerecht zu werden, wurde ein System, basierend auf Backbones (= Rückräder bzw. Hauptleitungen), realisiert, das die großen Rechenzentren miteinander verband. An diese konnten sich weitere Weitverkehrsnetzwerke (WAN) anschließen.

Das NSFNET ging 1986 in Betrieb und löste die alten Hauptverbindungswege des Internets ab. Damit übernahm die NSF immer mehr die Aufgaben des ARPAnet, das schließlich Ende 1989 vom amerikanischen Verteidigungsministerium aufgelöst wurde.

Das Internet war somit schon ein Netzwerk von Netzwerken, d. h. ein Zusammenschluss von verschiedenen Computern und Computernetzwerken. Jeder Computer konnte praktisch an das Internet angeschlossen werden, soweit das TCP/IP Protokoll auf dem Computer verfügbar war.

Das INET in Europa

Natürlich bestand auch in Europa die Notwendigkeit, den Wissenschaftlern der Unis und Forschungseinrichtungen eine schnelle und kostengünstige Infrastruktur zur Verfügung zu stellen. Zur europaweiten Koordinierung der Aktivitäten einzelner Länder wurde 1986 RARE (Reaux Associes pour la Recherche Europeenne) gegründet, die eine Infrastruktur für den akademischen Bereich Europas aufbaute.

Da es kein gemeinsames europaweites TCP/IP- Internet gab, initiierte RARE zu Beginn der 90er Jahre den EBONE (European Backbone), dadurch wurde 1992 der Betrieb eines europaweiten Internet möglich. Es wurden erstmals zentrale europäische Internet-Hauptverkehrswege geschaffen. Bis dahin war es beispielsweise durchaus möglich, dass der Kommunikationspfad zwischen zwei europäischen Netzen über Nordamerika und zurück führte.[1]

2.2 Die Dienste im Internet

World Wide Web

1990 wurde das World Wide Web entwickelt, der heute wohl am weitesten verbreitete Internetdienst. Dieses multimediale Informationssystem stellt den größten Teil der im Internet verfügbaren Informationen bereit. Diesem Dienst ist es zu verdanken, dass das Internet seinen hohen Bekanntheitsgrad erreichen konnte und ist damit auch für das rasante Wachstum des Netzes verantwortlich. Im World Wide Web werden Informationen als Grafiken, Texte und Multimediaelemente (z. B. Videos) seitenweise und formatiert im HTML-Format dargestellt. Hypertextdokumente sind Textdateien, die über Schlüsselwörter (Hyperlinks) mit einem oder mehreren anderen Textdokumenten vernetzt sind. Andere Websites sind so nur noch einen Mausklick entfernt. Diese Hypertextdokumente durchziehen wie ein Spinnengewebe das gesamte Internet. Die Zahl der Webserver und Websites im Netz steigt unaufhaltsam an. 1995 ist das Jahr, in dem sich das WWW auf breiter Front durchsetzt und zum wichtigsten Dienst im Internet wird.

---

[1] vgl. www.users.comcity.de/~horibo/history.htm

E-Mail

Der E-Mail Dienst im Internet dient zur elektronischen Kommunikation zwischen zwei oder mehreren Kommunikationspartnern. Die großen Vorteile der elektronischen Post liegen zum einen in der Geschwindigkeit des Austausches von Nachrichten, da dies hier innerhalb weniger Sekunden erfolgen kann, zum anderen in der kostengünstigen Methode des Informationsaustausches. Leider ist es jedoch für Dritte möglich, E-Mails abzufangen und zu lesen oder zu verändern. Der Sender und der Empfänger können dies nicht erkennen. Um dies zu verhindern, müssen E-Mails verschlüsselt werden bevor sie versendet werden.

File Transfer Protocol

Das File Transfer Protocol bietet eine einfache Möglichkeit für den Daten- bzw. Dateienaustausch. Es ermöglicht zwei Rechnern, direkt miteinander zu kommunizieren und Dateien auszutauschen, sofern der Benutzer eine Zugriffsberechtigung für beide Rechner besitzt.

Telnet

Dieser Dienst ermöglicht dem Benutzer, sich mit seinem Rechner in einen weit entfernten Rechner einzuloggen und auf diesem Rechner Programme auszuführen. Dadurch steht die gesamte Leistung beider Rechner zur Verfügung. Auch hier benötigt der Benutzter eine Zugriffsberechtigung, um diesen Dienst in Anspruch nehmen zu können.

Instant Messaging

Das Instant Messaging erlaubt dem Benutzer zu erkennen, ob ein anderer Benutzer zurzeit online ist. Dies funktioniert natürlich nur, wenn beide Benutzer damit einverstanden sind und ein spezielles Programm für das Instant Messaging benutzen. Sollten diese Benutzer online sein, können sie sich gegenseitig Nachrichten übermitteln, die der Empfänger sofort auf seinem Bildschirm sieht. Der Sender muss also nicht warten, bis der Empfänger das nächste Mal seine E-Mails abruft, sondern kann ihn direkt ansprechen.

2.3 Definition eCommerce

Der Ausdruck Electronic Commerce (eCommerce) ist ein noch recht junger Begriff, der erst in den vergangenen Jahren entstanden ist und immer mehr an Bedeutung gewonnen hat.

War das Internet-Engagement von Firmen früher nur auf reine Präsentation beschränkt, so nutzen heute immer mehr Unternehmen das Netz zum Verkauf von Waren und Dienstleistungen. Es handelt sich hierbei um die digitalen Abwicklungen von Geschäftsprozessen über Netzwerke; hierzu könnte man auch Transaktionen auf elektronischen Marktplätzen sagen.

Electronic Commerce beschreibt „(...) die Verzahnung und Integration unterschiedlicher Wertschöpfungsketten und Unternehmensübergreifender Geschäftsprozesse auf der Grundlage des schnellen und plattformunabhängigen Informationsaustauschs über Informations- und Kommunikationstechnologien."[1]

Von der Produktinformation, über Verkaufsanbahnung, Bestellung und Bezahlung bis hin zur Logistik der Lieferung, After- Sales- Maßnahmen und One-to-one Marketing reicht hier das Spektrum.

Viele Menschen setzten Electronic Commerce mit dem deutschen Begriff „Elektronischer Handel" gleich. Hierbei denkt man an die neuen Einkaufsmöglichkeiten: Online können Bücher, CD's, Spielzeug etc. bestellt werden. Aber Electronic Commerce bedeutet wesentlich mehr. Dazu gehört der gesamte Geschäftsprozess, von Werbung, Geschäftsanbahnung und -abwicklung bis hin zu Aktionen zur Kundenbindung und Online Banking. Im weitesten Sinne fällt darunter auch der Handel mit CD-Rom Unterstützung, Interaktives Fernsehen (ITV) oder der Faxabruf. Hier stellt sich nun die Frage, ob Electronic Commerce lediglich die Fortsetzung des Geschäfts mit elektronischen Mitteln ist?[2]

Nein, denn in der letzten Zeit entwickelt sich ein neuer Trend, der auf den ersten Blick nichts mehr mit Kommerz zu tun hat:

Die Bildung von Communities, virtuelle Gemeinschaften. Die neuen „Treffpunkte" werden von den Internetusern mit Leben gefüllt. Auch die Unternehmen haben dies erkannt und drängen immer mehr in die Communities zum privaten und geschäftlichen Austausch von Angeboten.

Eins wird ganz deutlich: Electronic Commerce ist vielseitig gestaltet.

---

[1] Vgl. Bliemel, Fassott, Theobald, Electronic Commerce (1999), 2. Auflage, S.2
[2] Vgl. http://www.electronic-commerce.org/, E-Commerce InfoNet, Fragen und Antworten

2.4 Allgemeine Vor- und Nachteile von Electronic Commerce

Größe des potentiellen Marktes im Internet

Electronic Commerce kennt keine geographischen oder nationalen Grenzen, sondern nur die Abdeckung über Computer und Netzwerke. Electronic Commerce erlaubt selbst dem kleinsten Anbieter, globale Präsenz zu erzielen und weltweit zu operieren. Durch diesen neuen Vertriebsweg werden völlig neue Märkte erschlossen. Kunden die aufgrund der räumlichen Distanz nicht bedient werden können, können nun problemlos über das Internet ihre Waren oder Dienstleistungen ordern. Ein Kunde aus Deutschland z.B. kann über das WWW seine Waren in Spanien bestellen. Der Vorteil für den Kunden liegt auf der Hand: Er kann aus der Summe aller möglichen Anbieter für ein bestimmtes Produkt oder eine Dienstleistung auswählen, unabhängig von deren geographischen Sitz.

Zeitaufwand

Das Internet kennt keine Ladenschlusszeiten. Die Geschäfte im WWW sind 24 Stunden am Tag und 365 Tage im Jahr möglich. Der Service am Kunden ist sehr groß, da dieser entscheidet wann er einkaufen möchte.
Ein weiterer Vorteil, der den Zeitaufwand betrifft, ist die Verkürzung bzw. Abschaffung der Lieferketten. Mit Electronic Commerce können viele Lieferketten verkürzt werden. Es gibt viele Beispiele, in den Waren direkt vom Hersteller zum Endverbraucher gebracht werden, und die sonst dazwischen geschalteten Stationen wie Lager des Großhändlers, werden einfach ausgelassen.
Doch dem berufstätigen Single, der zu den üblichen Ladenöffnungszeiten keine Zeit für Einkäufe hat, ist nicht damit geholfen, wenn er eben zu dieser Zeit auf den Lieferservice warten muss.[1]

---

[1] Vgl. Bliemel, Fassott, Theobald, Electronic Commerce (1999), 2. Auflage, S. 18

Kosteneinsparungen und Preiskürzungen

Zu einem der großen Vorteilen im Electronic Commerce zählt die Einsparung der Kosten. Bei einer geschäftlichen Transaktion, bei der menschliches Handeln in Anspruch genommen werden muss, belaufen sich die Kosten möglicherweise in den DM-Bereich. Die Kosten für das elektronische Durchführen einer ähnlichen Transaktion belaufen sich auf ein paar Pfennige oder vielleicht noch weniger. Die Folge aus diesen Handlungen zwischen den Beteiligten birgt somit die Möglichkeit, wesentliche Kosteneinsparungen zu erzielen. Dies wiederum bedeutet, dass sich Preisnachlässe für den Kunden ergeben.[1]

Größe und Anonymität des Internets

Die Größe und Anonymität des Internets bieten einen guten Nährboden für „schwarze Schafe" auf Seiten der Anbieter und der Kunden.
Zurzeit gibt es noch keine weltweit gültigen Gesetzte und Regelungen für das WWW. Trotzdem ist das Internet kein rechtsfreier Raum. Zum größten Teil gelten Vorschriften und Gesetze in Deutschland, und darüber hinaus globale Rechtsvorschriften. Wie im Geschäftsleben müssen Anbieter und Kunden auf die Seriosität ihres Gegenübers bauen.

Beratungsschwächen

Die Beratung im Internet kann nicht immer die klassische Beratung durch einen fachkompetenten Verkäufer ersetzten. Es besteht zwar die Möglichkeit sich Informationen über die Produkte einzuholen, aber die Handhabungsweisen einiger Produkte lassen sich doch einfacher in einem persönlichen Gespräch klären. Wenn bei einigen Produkten auch eine Farbwahl möglich ist, stellen wir uns nicht immer die gleiche Farbe vor, denn „rot" ist nicht gleich „rot".
Der Konsument möchte auch in Zukunft auf das Erlebnis EINKAUFEN (fühlen, riechen, schmecken) nicht verzichten.

---

[1] Vgl. http://www.eco.de/, Hintergründe zu Electronic Commerce

3. Entwicklung der Internetpräsenz

3.1 Die Firma RABE – GmbH

Die Firmengeschichte der RABE - GmbH reicht zurück bis in das Jahr 1880. Ab 1932 konservierte das Unternehmen Spreewälder Gemüse unter dem Namen "Kurt Belaschk - Spreewälder Konserven und Frischgemüse". 1992 wurde die Firma in "RABE- Spreewälder Konserven GmbH" umbenannt. Seit der Gründung ist der Betrieb durchgängig in Besitz der Familie Belaschk. Die Erfahrungen bei der Verarbeitung des Spreewälder Gemüses wurden von Generation zu Generation weitergegeben und die Rezepturen ständig verfeinert. Ihren festen Platz auf dem Markt haben gegenwärtig bereits Gewürzgurken, Pfeffergurken, Senfgurken Salz - Dill - Gurken und Knoblauchgurken.

3.2 Vorüberlegungen

Auswahl einer Domain und Registrierung

Eine Domain ist die Adresse, unter der die Firma im Internet zu erreichen sein soll. Für die Internetpräsenz wurde die Domain www.RABE-GmbH.de und für den Shop www.RABE-Markt.de gewählt. Im Vordergrund bei dieser Entscheidung stand, dass der Firmenname im Domainnamen enthalten sein sollte, auch die Kundenfreund-lichkeit, d.h. ein kurzer und leicht zu merkender Name, sollte gegeben sein. Die Domain www.RABE-GmbH.de wurde bei der Firma Strato registriert und die Domain www.RABE-Markt.de beim Anbieter der Shop-Software BL- Software oHG.
Der benötigte Webspace wurde ebenfalls bei den genannten Providern angemietet.

Auswahl der Erstellungssoftware und der Uploadersoftware

Nun wurde die Software ausgewählt, mit der die Webseiten erstellt werden sollen. Die gängigsten HTML-Bearbeitungsprogramme sind derzeit von Microsoft das Programm Frontpage und der Dreamwaver von Macromedia. Diese beiden Programme arbeiten mit dem WYSIWYG Prinzip. Dieses sagt aus: ,,What You See Is What You Get" und bedeutet, dass die Bildschirmdarstellung exakt dem Druckbild oder der Browseranzeige entspricht. Ich habe mich für Frontpage entschieden, da dieses Programm sehr anwenderfreundlich ist und somit eine spätere Weiterbearbeitung und Aktualisierung der Webpräsenz leicht durchzuführen ist.

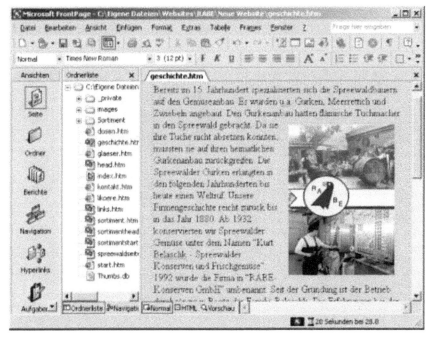

Abb. 1: Frontpage

Eine Uploadersoftware ist die Software, die benötigt wird, umdie eigenen Dateien die mit dem HTML-Bearbeitungsprogramm erstellt wurden auf den Webspace zu laden.

Ich verwende WS_FTP. Diese Software steht frei im Internet zum Download zur Verfügung und ist einfach zu bedienen.

Welche Schwerpunkte sollen auf der Homepage gesetzt werden?
Nun musste überlegt werden, welche Unterpunkte in der Navigationsleiste stehen sollen. Um die Firma zu präsentieren sollte auf die Geschichte und das Sortiment näher eingegangen werden. Zur Kontaktaufnahme ist außerdem ein Unterpunkt nötig. Für den Kundenservice ist auch eine Linkseite mit anderen interessanten Spreewaldseiten geplant.

3.3   Erstellung der Webseiten

Als Basis der Anbieter für die kommerzielle Anwendung im World Wide Web dient die Homepage derselbigen. Sie ist die virtuelle „Eingangshalle" eines Unternehmens und stellt den ersten Kontakt mit den vermeintlichen Konsumenten her. In der Praxis enthält diese Seite zumeist das Firmen-Logo und weitere Marketingkomponenten sowie „Links" zu den einzelnen Bereichen der sich präsentierenden Unternehmung, so dass sich der Betrachter dieser Seite auf die für ihn interessanten Homepage-Inhalte, aber auch auf externe Seiten, vorarbeiten kann. Ziel ist es das Interesse der Nutzer zu wecken, zu halten beziehungsweise zu erhöhen. Auf der Homepage sollte(n):

- auf Neuerungen im Web-Auftritt verwiesen werden
- die verschiedenen Zielgruppen interessante Ansatzpunkte finden
- die Nutzer nicht zu tief in die Seiten eindringen müssen, um die von ihnen gewünschten Informationen zu erhalten
- das Datenvolumen begrenzt sein, damit der Nutzer aufgrund langer Übertragungszeiten den Vorgang nicht abbricht, noch bevor er etwas gesehen hat.

Vorarbeit

Vor der Erstellung der Webseiten in Frontpage steht die Materialsammlung. Dazu wurden Werbematerial und Fotos der RABE – GmbH zusammengetragen. Die Fotos mussten eingescannt und die Texte abgetippt werden. Um die Fotos auf den Webseiten einzubinden wurden diese noch bearbeitet, d.h. der Speicherplatzbedarf

musste gesenkt werden, um ein schnelles laden der Seiten zu gewährleisten. Ein Richtwert liegt bei 50 KB, die eine Seite nicht überschreiten sollte.

Homepage in Frames einteilen

Frames sind einzelne Bereiche einer Webseite, die einzeln angesteuert werden können. Dadurch verringert sich die Ladezeit der Homepage und der Benutzer findet sich besser auf der Seite zurecht. Links auf der Homepage ist die Navigation (Navframe) zu finden. Rechts daneben ist die Hauptseite (MainFrame), dies ist das Frame auf der Homepage, in welches die darauf folgenden Seiten und die Startseite geladen werden sollen. Darüber befindet sich die Kopfzeile (HeadFrame) der Webseite. Dort befinden sich das Firmenlogo und der Name der Homepage damit diese sich beim Nutzer einprägen.

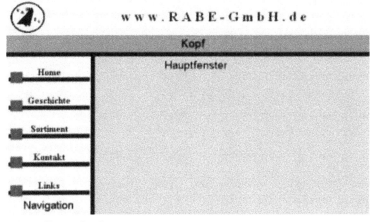

Abb. 2: Frameeinteilung

Die farbliche Gestaltung

Bei der Farbauswahl für die Homepage war das Ziel die Corporate Identity des Unternehmens fortzuführen. Das bedeutet, wie im Internet zu sehen, die Farben beige, dunkelgrün und hellgrün zu verwenden. Dazu gehört ebenfalls, wie bereits erwähnt, das Firmenlogo in der Kopfleiste der Webseite. Auch im Internet – Shop werden diese Farben verwendet.

Die Startseite

Da die Startseite die Seite ist, die der Kunde als erstes sieht wenn er die Domain anwählt, muss sie den Nutzer überzeugen auf der Seite zu bleiben und ihn auf weitere Inhalte der Webpräsenz neugierig machen. Auf jeden Fall sollte der Firmenname erscheinen und das Unternehmen kurz vorgestellt werden. Der Aufbau dieser Seite sollte schnell geschehen, ansonsten klickt der Besucher weiter, ohne die Seite vollständig gesehen zu haben. Um diese Seite jederzeit wieder zu erreichen kann der Benutzer den Button „Home" benutzen.

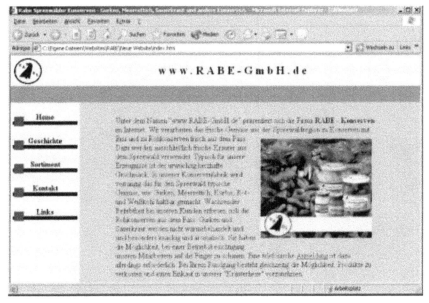

Abb. 3: Die Startseite

Die Geschichte

Um interessierten Besuchern der Seite die Geschichte der Verarbeitung des Spreewälder Gemüses und der Firma RABE – GmbH näher zu bringen wurde diese Seite entwickelt.

Abb. 4: Die Geschichte

Das Sortiment

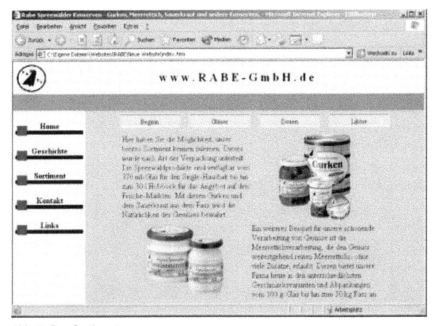

Abb. 5: Das Sortiment

Den größten Teil der Webpräsenz macht das Sortiment aus.

Dieses ist durch eine Quernavigation, welche nach Glaskonserven, Dosen und Likören unterteilt ist, zu erreichen. Dabei wurde für jedes Produkt eine kurze Beschreibung eingegeben und auch ein Bild hinzugefügt. Diese Bilder wurden so bearbeitet, dass sie einen transparenten Hintergrund besitzen, dadurch passen sich die Produktbilder besser in das Layout ein.

Durch die Darstellung der Produkte im Internet soll in den Kunden das Kaufinteresse geweckt werden. Dieses können sie dann im Online – Shop befriedigen. Dafür soll der Linkleiste noch eine Verknüpfung zum Shop hinzugefügt werden. Außerdem können die Kunden die Produkte auch im Werksverkauf erwerben.

Im Folgenden ist beispielhaft das Produkt „Gewürzgurken – Auslese" zu sehen.

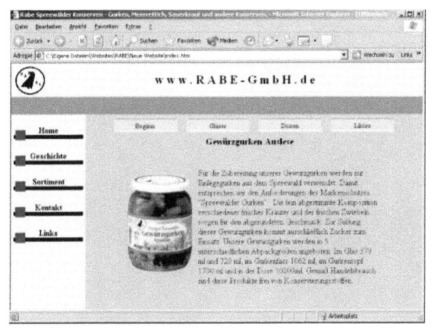

Abb. 6: Bsp. Gewürzgurken Auslese

Die Kontakt-Seite

Die Kontaktseite enthält den Namen und die Anschrift der Firma, sowie die Namen und Telefonnummern einiger wichtiger Ansprechpartner. Außerdem wurde für die Domain eine E-Mail Adresse eingerichtet und hier angegeben. Dies soll der schnellen und sicheren Kommunikation zwischen Kunden und Unternehmen dienen, z.B. für Bestellungen oder aber auch für die schnelle Abwicklung von Reklamationen.

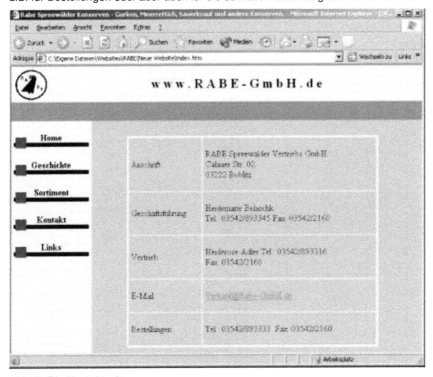

Abb. 7: Die Kontaktseite

Die Links Seite

Hier wird über Werbebanner auf andere interessante Seiten aus dem Spreewald verwiesen. Diese wiederum haben Verweise (Links), zum Teil kostenpflichtig, auf die Seite der RABE– GmbH. Dadurch wird eine höhere Bekanntheit der Seite im Internet erreicht. Eine weitere Methode ist die Eintragung in Suchmaschinen, welche im nächsten Abschnitt beschrieben wird.

3.4 Veröffentlichung der Webseiten

Zur Veröffentlichung der Webseiten gehört nicht nur der Upload auf den angemieteten Webspace, sondern auch die Bekanntmachung der Seiten durch die Eintragung in so genannte Suchmaschinen und auch der Bannertausch mit anderen Webseiten.

Eintragung in Suchmaschinen

Dazu müssen die Seiten als erstes mit Meta – Tags ausgestattet werden. Dies sind Stichworte, die in eine Seite integriert werden, nach denen Suchmaschinen indizieren.

Hier sollen nur die wichtigsten genannt werden:

"description" : Hier kann eine Beschreibung des Inhaltes der Webseite angegeben werden.

"Keywords" : Hier werden wichtige Schlüsselwörter, die Nutzer vielleicht eingeben könnten um die Seite zu finden, hinterlegt.

"page-topic" : Hier wird die Branchenbezeichnung der Firma eingetragen.

Außerdem ermitteln die Suchmaschinen die Häufigkeit der vorhandenen Wörter und deren Schreibweise (Größe, Fett oder nicht) sowie die Häufigkeit der Aufrufe dieser Seite durch Internetnutzer.

Nachdem die Meta – Tags eingegeben sind werden die erstellten Seiten in den wichtigsten Suchmaschinen eingetragen, dazu müssen diese aufgerufen werden und dort die Domain und einige andere Angaben zur Firma angegeben werden.

Bannertausch

Banner sind grafische Elemente die auf einer Internet-Seite platziert werden, um in erster Linie die Abfragezahlen auf der umworbenen Seite zu erhöhen. Dafür wurden interessante Seiten ausgewählt, die ebenfalls bereit sind ein Banner unserer Homepage einzubinden und relativ viele Zugriffe haben, um den Bekanntheitsgrad der Seite im Internet zu erhöhen.

4.   Einbindung des Online-Shops

4.1   Die Shopsoftware isales

isales ist eine Professionelle und preiswerte eCommerce Lösung mit kompletter Integration in die SageKHK Produkte Classic Line und Office Line. Kleinen und mittelständischen Unternehmen wird so eine bezahlbare eCommerce Lösung zur Verfügung gestellt.

Durch die komplette Integration der eCommerce Lösung in die SageKHK Classic Line und Office Line wird die Verwaltung des Shopsystems stark vereinfacht. Ohne zusätzlichen Shopmanager erfolgt der Datenabgleich zwischen der kaufmännischen Applikation und dem Shopmanager per Knopfdruck. Artikel- und Kundendaten werden so ganz einfach in den Shop geladen, und die eingegangenen Bestellungen der Kunden ebenfalls in die kaufmännische Applikation importiert. Der jeweilige Transfer der Artikel- und Kundendaten in den Shop, als auch die Übertragung eingegangener Bestellungen in die Classic Line oder Office Line können verschlüsselt gesendet und empfangen werden. Dies geschieht über die SSL Verschlüsselung, welche eine sehr hohe Sicherheit bietet.

Gestalten Sie Ihren Online Shop nach Ihren individuellen Vorstellungen oder nach den CorporateDesign Richtlinien Ihres Unternehmens. Sie sind nicht an ein bestimmtes Layout gebunden, sondern können frei gestalten. Vorgefertigte Templates erleichtern Ihnen den Einstieg in die Shopgestaltung Fragen Sie nach diesen Templates. Ihre Artikel werden in Warengruppen (Kategorien) einsortiert und können somit im Shop sehr schnell gefunden werden. Eine Volltextsuche über alle Artikel im Shop ist selbstverständlich. Die Zuordnung eines Artikels in mehrere Warengruppen ist auch möglich.

Spezielle Angebotsartikel können gesondert dargestellt werden. Durch die Zuordnung von Bildern, Texten, Sounds und Videos zu den Artikeln sind Sie in der Lage Ihre Waren so detailliert wie möglich zu beschreiben. Die Zuordnung dieser so genannten Mediadaten erfolgt in der Classic Line bzw. Office Line.[1]

---

[1] http://www.isales.de

isales Merkmale:

- Direkte Anbindung an die Classic Line und Office Line der SageKHK
- Dynamische Warengruppenverwaltung
- Unbegrenzte Anzahl von Artikeln
- Möglichkeit der Darstellung eines Artikels in mehreren Warengruppen
- Unterstützung von Angebots- und Saisonartikeln
- Erweiterte Suchfunktionalität über die Artikel im Shop
- Kundenzugang zum Shop über Kundennummer und Passwort
- Preisfindung über Kundenrabatt und / oder Kundensonderpreise
- Ausgefeilte Warenkorbfunktionalität
- Beliebige Mediadatentypen wie z.B. Bilder, Videos, Sounds und Texte
- Freies Design der HTML Seiten
- Zugriff auf vorhandene Templates
- Zwei Währungen pro Shop (DM und Euro)
- Verschlüsselte Übertragung der Daten durch SSL[1]

---

[1] http://www.isales.de

4.2   Die Software Classic Line 2000 von Sage KHK

Zu Beginn des Praktikums sollte die in der Firma eingesetzte Warenwirtschafts-Software Classic Line 97, die unter Microsoft DOS gelaufen ist, auf die neue Version Classic Line 2000 von Sage KHK aktualisiert werden. Dies war nötig, da die alte Version nicht mehr vom Anbieter supported wird und damit die anstehende Euro Konvertierung nicht möglich war. Außerdem sollten für den Informationsaustausch mit Kunden und Lieferanten kompatible Programme eingesetzt werden (z.b. Microsoft Word und Excel). Dafür mussten alle Rechner im Netzwerk von DOS auf Windows 95 oder 98 umgestellt werden.

Folgende Komponenten sind in der Classic Line 2000 von Sage KHK enthalten:

- Systemumgebung mit
  - Formulargestalter im Anwender-Modus

- Finanzbuchhaltung Hauptpaket mit
  - Kassenbuch
  - Kostenträger
  - Scheckeinreicher
  - Girostar

- Auftragsbearbeitung Hauptpaket mit
  - Handelsstückliste
  - Inventur
  - Intrastat

- Bestellwesen Hauptpaket

- Produktion Hauptpaket

- Anlagenbuchhaltung Hauptpaket

- Lohn & Gehalt Hauptpaket

4.3 Einrichtung des Online-Shops

Einstellungen unter isales

Unter dem Menüpunkt isales in der Classic Line werden als erstes die Produktgruppen und Untergruppen angelegt, in die die Artikel eingeteilt werden sollen. In diesem Fall sind das Spreewälder Erzeugnisse, Konserven und Spirituosen.

Danach werden die so genannten Mediadaten für die Produktbeschreibung und die Darstellung durch Bilder eingerichtet. Anschließend müssen die erforderlichen Daten für den Datenaustausch über FTP eingetragen werden. Dadurch ist der Datenaustausch für die Bestellungsübernahme und Shopaktualisierung auch ohne weitere Kenntnisse einfach und schnell möglich.

Die gewünschten Artikel können über das Tool Schnellanlage einfach übernommen werden. Für die Artikel müssen dann die Preise, die Produktgruppe und - Untergruppe, die Mediadaten und die Artikelnummer eingetragen werden. Außerdem ist es möglich eine Mengenstaffel einzurichten, das bedeutet der Preis des Artikels ist Mengenabhängig. Weiterhin können die Artikelgruppen für Angebote, Neuheiten und Topseller für einzelne Artikel angelegt um diese beim Verkauf zu fördern.

Die Datenbankanbindung

Die Webseiten sind mit Hilfe von PHP programmiert worden.

PHP ist eine Erweiterung für Webserver, die es ermöglicht, dynamische Webseiten im Internet zu erstellen. Besonders bemerkenswert ist die breite Unterstützung für eine ganze Reihe von Datenbanken. Dadurch empfiehlt sich PHP u.a. ganz besonders für professionelle eCommerce – Lösungen.[1]

Dafür müssen in der so genannten shopcfg Datei eine Reihe von Einstellungen vorgenommen werden. Die Anzahl der Umsatzsteuersätze, die jeweiligen Steuersätze, die Servereinstellungen, verschiedene Fehlermeldungen, die Zahlungsmöglichkeiten und die E-Mail Einstellungen, um nur einige zu nennen, sind vorzunehmen.

---

[1] Schmid, Cartus, Blume, php, Markt und Technik,1999, S.24

Bearbeitung der HTML – Seiten

Der Shop besteht bei der Auslieferung aus allgemein gehaltenen Webseiten. Ziel der Änderungen war es, wie bereits bei der Homepage, die Firmenfarben einzubinden und damit die Corporate Identity zu gewährleisten. Außerdem wurde dem Shop noch eine Seite mit den Allgemeinen Geschäftsbedingungen hinzugefügt. Diese wurden aus den AGB's des Unternehmens abgeleitet und um Zusätze für das Online – Recht erweitert.

Die Startseite enthält auf der linken Seite die angelegten Warengruppen. Beim Auswählen dieser öffnen sich gegebenenfalls Untergruppen. In der Quernavigation sind die Links zum Warenkorb, der anzeigt welche Produkte der Kunde ausgewählt hat, den speziellen Untergruppen, Angebot, Topseller und Neuheiten, sowie zum Passwort Shop zu finden. Dieser ist für Großkunden gedacht. Dadurch können den einzelnen Kunden, die sich durch ein Passwort identifizieren müssen, Sonderpreise und Zahlungsbedingungen eingerichtet werden. Ebenfalls zu sehen ist ein Bild, welches einen Teil des Sortiments der RABE – GmbH enthält.

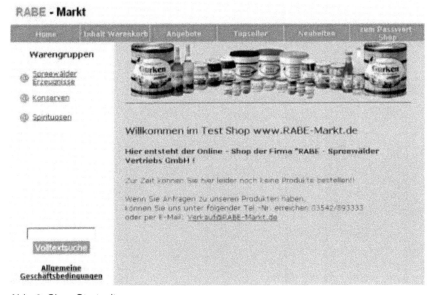

Abb. 8: Shop Startseite

Folgende Seite ist zu sehen wenn die Untergruppe Meerrettich der Spreewälder Produkte ausgewählt wird. Dort sind die unterschiedlichen Sorten und Abpackungen mit einem kleinen Bild, einer kurzen Beschreibung und dem Bruttopreis zu sehen. Hier können die gewünschte Anzahl eingegeben und an den Warenkorb übergeben werden. Bei der Auswahl eines dieser Produkte öffnet sich eine Seite mit einem größeren Bild und einer genaueren Beschreibung zum Artikel. Die Anzahl der dargestellten Artikel pro Seite und die Einstellung ob Brutto- oder Nettopreise angezeigt werden können in der shopcfg eingegeben werden.

Egal auf welcher Seite des Shops sich der Nutzer befindet, die AGB' s können von überall eingesehen werden. Damit wird eine rechtliche Forderung für den Online Handel erfüllt.

Abb. 9: Artikelseite

Nachdem der Kunde seine gewünschten Artikel und die Anzahl ausgewählt hat kommt er zum Bestellformular. Dort muss er seine persönlichen Angaben eintragen (siehe Abb. 10) und weiter unten kann er die gewünschte Zahlungsart auswählen. Die Email Adresse ist notwendig, da der Kunde nach erfolgter Bestellung automatisch eine Bestätigungsmail vom Server bekommt. Die Bestellung wird auf dem Server in der Datenbank gespeichert und beim nächsten Datenaustausch über isales in die Automatische Bestellannahme der Classic Line übernommen. Dort wird sie dann vom entsprechenden Mitarbeiter bearbeitet.

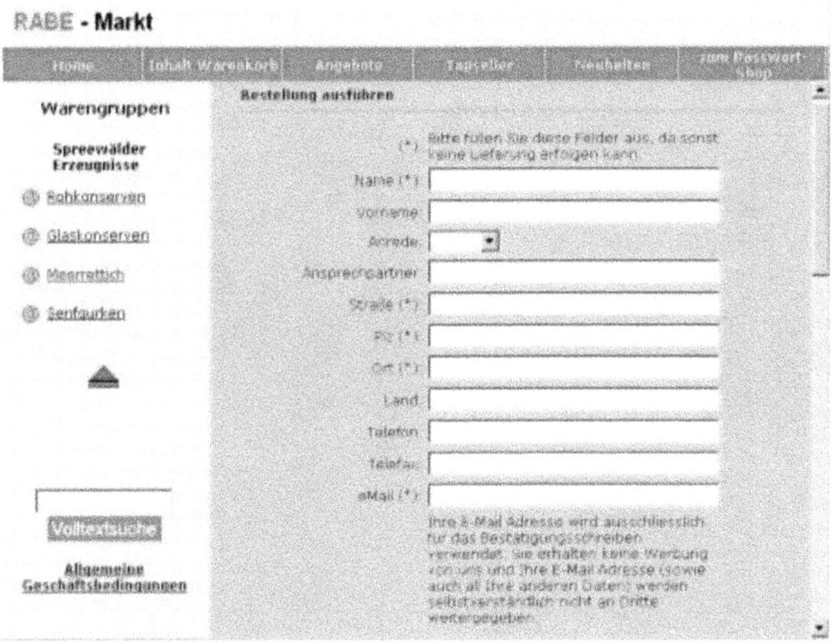

Abb. 10: Bestellformular

5. Einrichtung von PC – Kassen

Eine weitere Aufgabe während meines Praktikums war die Einrichtung von zwei computergesteuerten Kassen. Eine soll im Werksverkauf und die Andere im firmeneigenen Imbiss eingesetzt werden.

5.1 Die Kassen – Software

Der Produktname dieses Moduls lautet Kasse/Barverkauf.

Produkt und Kurzbeschreibung:

Kasse/Barverkauf ist ein auf Grundlage von Sage KHK Office Line Warenwirtschaft entwickeltes Softwareprodukt zum Kassenverkauf im Einzelhandel.

Abb. 11: Belegerfassung

Es lässt sich – angefangen von Barcodelesern, Bondruckern und Kassenschubladen bis hin zu TeleCash- und Kreditkartenterminals – nahezu jede denkbare Kassenperipherie ansteuern, die Kasse mehrmals pro Tag öffnen und schließen und ein übersichtlicher Kassenabschluss pro Öffnungsperiode, pro Tag und über mehrere Kassen erstellen.

Basierend auf der dezentralen Auftragserfassung der Office Line lässt sich in der Version Kasse Zentrale Artikel- und Kundenexport sowie Belegimport aus den Filialen vornehmen. Die Version Kasse Filiale bietet dementsprechend Artikel- und Kundenimport sowie Belegexport zur Zentrale.

Resultierend aus der vollständigen Integration in Sage KHK Office Line Warenwirtschaft bzw. Rechnungswesen beinhaltet die Kasse die komplette Funktionalität der Office Line. Das schließt auch die Verwaltung von Seriennummern und Chargen sowie einen OP-Ausgleich bei Bezahlung alter Rechnungen ein. Für Entnahmebuchungen auf Kassenkonten stehen spezielle Dialoge zur Verfügung.

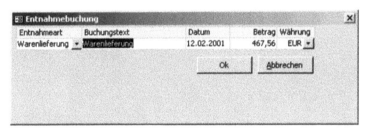

Abb. 12: Entnahmebuchung

Einsatzgebiete für dieses Produkt:

Kasse/Barverkauf ist als Software zum Kassenverkauf für den Einsatz im Einzelhandel konzipiert und realisiert worden.

Besonderheiten der Kasse/Barverkauf:

Mit dem Produkt lässt sich neben Barzahlung auch Zahlung per Lastschriftverfahren, manueller Lastschrift oder TeleCash vornehmen und verwalten, wobei Zahlungen gegen bar in zwei beliebigen Währungen je Beleg getätigt werden können. Erforderliche Währungsumrechnungen – auch für das Rückgeld – werden automatisch vom Programm vorgenommen.

Kasse/Barverkauf verfügt über eine integrierte Lagerbuchhaltung und ermöglicht, Buchungen aus festem Lager für die Kasse vorzunehmen sowie auch nur mit Barcodescanner zu kassieren. Es sind eine Reihe von Belegarten vorkonfiguriert. Es besteht für alle Belegarten die Möglichkeit, diese benutzerspezifisch frei zu konfigurieren.

Der jeweils erstellte Kassenbeleg erzeugt automatisch die entsprechenden Buchungen Debitor an Erlöse und Kasse an Debitor. Für alle Zahlungsarten, Kosten und Erlöse sind frei konfigurierbare Sachkonten des Rechnungswesens bebuchbar.

Der Kassenabschluss ist mit beliebig vielen Währungen möglich, in den 3 vom Programm verwalteten Standardwährungen auch mit Geldstückelung. Für 2 weitere Währungen lässt sich der jeweilige Gesamtbetrag ausweisen und die Summe aller restlichen Währungen ist in Eigenwährung erfassbar. Bei der Entnahme zum Kassenabschluss erfolgt die Buchung von Geldtransit auf frei wählbare Sachkonten.[1]

5.2 Notwendige Schritte zur Einrichtung

Es müssen zuerst die zwei Rechner an das Firmennetzwerk angeschlossen werden und mit der Classic Line und der Kassensoftware bespielt werden.

Nach der Installation der Software müssen der Bon-Drucker und der Barcode-Scanner eingerichtet werden.

Nachdem die Soft- und Hardware eingerichtet sind müssen die Produkte, die für den Verkauf bestimmt sind, eingetragen und der jeweilige Barcode eingescannt werden. Für Produkte ohne Barcode werden Artikellisten mit Artikelnummern angelegt. Nun müssen noch die vorhandenen Artikel, nach einer Inventur, in den Bestand eingetragen werden.

Jetzt müssen noch die Angestellten im Umgang mit der neuen Soft- und Hardware unterrichtet werden. Nach einigen Testeinkäufen und –Verkäufen sind die Kassen und das Personal bereit für den Einsatz im Unternehmen.

---

[1] http://www.sagekhk.de/spezialloesungen/default.asp#neutrale

5.3 Vorteile durch die PC-Kassen

Durch die Einführung der PC - Kassen werden bei der Bearbeitung von Geschäftsprozessen, wie Lieferscheinerstellung oder Rechnungslegung, Vorteile erzielt.

In Anbetracht des enormen Kostenaufwandes in der Verwaltung und den damit verbundenen negativen Auswirkungen auf die Wettbewerbsfähigkeit, zählt eine effiziente Verwaltung zu einem der wichtigsten Produktivitätsfaktoren der Wirtschaft. Um die Wettbewerbsfähigkeit zu stärken und Arbeitsplätze zu sichern, muss sich das Unternehmen auf Gewinn ausrichten. Unnötiger Arbeitsaufwand ist daher zu vermeiden.

Das neue Kassensystem ermöglicht eine einfache Durchführung von typischen Geschäftsprozessen, dadurch wird Zeit bei der Bearbeitung gespart und damit kommt es auch zu einer Kostenersparnis für die Firma.

Anhang

Wochenübersicht:

Das Praktikum absolvierte ich vom 01.05.2000 bis zum 24.09.2000, also 23 Wochen.
Die tägliche Arbeitszeit betrug 8 Stunden.

Zeit:	Tätigkeit:
01.05.-05.05.2000	- Zielstellung und Praktikumsplan erarbeiten; - Analyse des Firmennetzwerkes als Voraussetzung für die Umstellung von Windows 3.11 auf Windows 95/98
08.05.-12.05.2000	- Umstellung der Rechner des Firmennetzwerkes auf Windows 95/98 - Installation der Warenwirtschafts-Software Classic Line 2000 und Durchführung der Euro-Konvertierung der Mandanten
15.05.-19.05.2000	- Planung des Projektes Webseitenerstellung - Vergleich, Auswahl und Einkauf der benötigten Soft- und Hardware, sowie des Webspace Providers
22.05.-02.06.2000	- Sammlung und Bearbeitung von Material für die Webseiten in Zusammenarbeit mit der Leiterin des Vertriebes der RABE-GmbH unter dem Gesichtspunkt der Beibehaltung der Corporate Identity
05.06.-31.06.2000	- Erstellung und Vorstellung des Layout der Webseiten - Erstellung, Test und Vorstellung der Webseiten - Veröffentlichung der Webseiten - Erstellung von Werbebannern und Kontaktaufnahme mit anderen Webseitenbetreuern mit dem Ziel den Bekanntheitsgrad der eigenen Seite durch Bannertausch zu erhöhen
03.07.-14.07.2000	- Vorbereitungen für die Erstellung des Webshops: Produkte für den Shop auswählen Preise, Rabattstaffeln sowie Versandbedingungen berechnen AGB' s ausarbeiten Material vorbereiten, Providerwahl,

17.07.-11.08.2000	- Erstellung und Vorstellung des Layout der Webseiten - Erstellung, Test und Vorstellung der Webseiten - Veröffentlichung der Webseiten - Erstellung von Werbebannern

14.08.-18.08.2000	- Weiterentwicklung von Excel – Formularen für die
	
	  Lohnabrechnung
	
	- Entwicklung von Formularen für den Einsatz im Unternehmen
	
	  zur Optimierung von Geschäftsprozessen

21.08.-08.09.2000	- Auswahl und Einkauf der benötigten Soft- und Hardware - Einrichtung der PC-Kassen - Einweisung der Mitarbeiter in das neue Kassensystem

11.09.-24.09.2000	- Wartung der Hard- und Software um einen reibungslosen
	
	  Einsatz im Unternehmen zu gewährleisten
	
	- Einrichtung des Internetzugangs und des E-Mail Empfangs,
	
	  um die Kommunikation mit Kunden und Lieferanten zu
	
	  verbessern
	
	- Internet-Preis-Recherchen betreiben um eine Kostensenkung
	
	  im Einkauf zu erzielen
	
	- Erledigung allg. Büroaufgaben

Quellenangabe

www.users.comcity.de/~horibo/history.htm

Bliemel, Fassott, Theobald, Electronic Commerce (1999)

http://www.electronic-commerce.org/, E-Commerce InfoNet, Fragen und Antworten

http://www.eco.de/, Hintergründe zu Electronic Commerce

http://www.isales.de

Schmid, Cartus, Blume, php, Markt und Technik (1999)

http://www.sagekhk.de/spezialloesungen/default.asp#neutrale

www.ingramcontent.com/pod-product-compliance
Lightning Source LLC
La Vergne TN
LVHW042124070326
832902LV00036B/865